Mit KI-generierten digitalen Produkten passives Einkommen erzielen

Verkaufen Sie E-Books, Kurse, Vorlagen und mehr mit kostenlosen und kostengünstigen KI-Tools

Von Joe Correa

Veröffentlicht von Live Stronger Faster

Erste Auflage

Inhaltsverzeichnis

Einleitung

Die Idee des passiven Einkommens fühlte sich früher wie ein Traum an – etwas, das nur Reichen, Glücklichen oder Hochqualifizierten vorbehalten war. Doch dank künstlicher Intelligenz wurde diese Eintrittsbarriere praktisch zerstört.

KI hat die Art und Weise revolutioniert, wie wir digitale Produkte erstellen, vermarkten und verkaufen. Mit Tools, die E-Books schreiben, Vorlagen gestalten, Videos generieren und sogar komplette Kurse für Sie erstellen können, kann heute jeder mit einem Laptop oder Smartphone Einkommen auf Autopilot erzielen.

In diesem Buch lernen Sie Schritt für Schritt, wie das funktioniert – selbst wenn Sie online noch keinen einzigen Euro verdient haben.

Dieses Buch handelt nicht von schnellem Reichtum oder „Hacks". Es geht darum, langfristige, nachhaltige Einkommensquellen mit minimalen Anfangskosten aufzubauen. Wir zeigen Ihnen Schritt für Schritt, wie Sie:

Mit KI Produkte mit hoher Nachfrage entwickeln
Kostenlose und kostengünstige KI-Tools nutzen, um E-Books, Kurse und Vorlagen zu erstellen
Einen einfachen Online-Shop oder Verkaufstrichter aufbauen

Ihre Verkaufs- und Auslieferungssysteme automatisieren
Traffic mit KI-gestütztem Content und Marketing generieren
Gewinne reinvestieren, um Ihr Einkommen zu skalieren
Häufige Fehler und Burnout vermeiden

Sie müssen weder technikaffin noch Content-Experte sein. Wenn Sie einfache Schritte befolgen und konsequent bleiben, hilft Ihnen dieses Buch dabei, digitale Produkte zu starten, die Geld verdienen, während Sie schlafen.

Außerdem finden Sie praxisnahe Beispiele, anfängerfreundliche Tools und Links zu KI-Plattformen, die Sie sofort nutzen können.

Am Ende dieses Buches haben Sie einen klaren Fahrplan, wie Sie KI zu Ihrem stärksten Geschäftspartner machen – ohne Programmierkenntnisse, ohne komplizierte Setups und ohne vor der Kamera stehen zu müssen.

Lassen Sie uns Ihre Reise zum Aufbau von passivem Einkommen mit KI-generierten digitalen Produkten beginnen.

Kapitel 1: Das richtige digitale Produkt auswählen, das Sie mit KI verkaufen möchten

Wenn Sie Ihre Reise in Richtung KI-generiertes passives Einkommen beginnen, ist der erste und wichtigste Schritt die Wahl des richtigen digitalen Produkts. Diese Entscheidung bestimmt, wie einfach die Erstellung ist, wie groß die Nachfrage, wie gut das Produkt skalierbar ist – und letztlich, wie viel Einkommen es langfristig generieren kann.

1. *Verstehen Sie die „Big 4": Die wichtigsten Kategorien digitaler Produkte*

Obwohl es Hunderte von Möglichkeiten gibt, fallen die meisten erfolgreichen digitalen Produkte in eine der folgenden Kategorien:

A. E-Books

KI-Schreibtools können innerhalb weniger Stunden komplette Bücher erstellen. Ideal für:

Nischenwissen (z. B. „Wie man ein Credit-Repair-Business startet")
Gesundheit und Fitness (z. B. „Wall Pilates für Senioren")
Fähigkeitenentwicklung (z. B. „ChatGPT Prompt Mastery")

Vorteile:
Schnell zu erstellen
Kann als Hörbuch weiterverwendet oder gebündelt werden
Verkauf über Amazon KDP, Gumroad oder die eigene Website

B. Online-Kurse

Mit KI-Tools wie ChatGPT, InVideo oder Pictory können Sie innerhalb weniger Tage einen vollständigen Online-Kurs erstellen.

Vorteile:
Hoher wahrgenommener Wert = höherer Preis
Teilnehmer zahlen häufig 20–200 € oder mehr pro Kurs
Plattformen wie Udemy oder Teachable übernehmen Traffic und Auslieferung

C. Vorlagen und Toolkits

Dazu gehören Notion-Vorlagen, Canva-Designs, Budget-Tabellen, Lebenslauf-Vorlagen usw.

Vorteile:
Einfach mit KI- und Design-Tools zu erstellen
Sofortige digitale Lieferung
Wiederverwendbar und skalierbar durch Updates

D. Digitale Dienstleistungen & Printables

Kalender, Journale, digitale Planer, Malbücher, Social-Media-Planer usw. KI-Tools können Inhalte und Designs automatisch generieren.

Vorteile:
Ideal für Etsy, Creative Market und Gumroad
Perfekt für wiederkehrende, passive Verkäufe

2. *Passen Sie das Produkt an Ihre Stärken (oder Interessen) an*

Wenn Sie gerne schreiben, wählen Sie E-Books. Wenn Sie gerne sprechen oder unterrichten, starten Sie mit einem Kurs. Wenn Sie Design oder Organisation mögen, erstellen Sie Vorlagen. Und wenn Sie unsicher sind – lassen Sie sich von KI helfen.

Beispiel-Prompt:
„ChatGPT, welche 10 profitablen digitalen Produkte kann ich basierend auf aktuellen Trends mit KI-Tools verkaufen?"

Berücksichtigen Sie auch Ihren Zeitplan. E-Books und Vorlagen eignen sich gut für Teilzeit-Ersteller. Kurse erfordern mehr Planung und Struktur, bieten jedoch höhere Gewinnmargen.

3. *Validieren Sie die Nachfrage mit KI und kostenlosen Tools*

Bevor Sie ein Produkt erstellen, prüfen Sie, ob tatsächlich Nachfrage besteht.

Nutzen Sie:
ChatGPT zur Generierung von Keyword-Ideen
Google Trends zur Analyse der Nachfrageentwicklung
Ubersuggest oder Keywords Everywhere zur Abschätzung des Suchvolumens
Udemy, Amazon oder Etsy zur Analyse von Wettbewerb und Preisen

Beispiel-Prompt:
„Welche E-Book-Themen im Bereich persönliche Finanzen sind 2025 im Trend?"

Die Kombination dieser Daten hilft Ihnen, Ihre Produktidee zu validieren. Eine validierte Idee spart Wochen an Arbeit und kann Ihr Einkommenspotenzial vervielfachen.

4. *Kombinieren Sie Produkte für passive Einkommens-Stacks*

Erfolgreiche digitale Unternehmer bleiben nicht bei einem Format – sie kombinieren.

Beispiel:
Verwandeln Sie Ihr E-Book in einen Kurs
Fügen Sie Arbeitsblätter oder Vorlagen hinzu
Bieten Sie ein Bundle zu einem höheren Preis an

So entstehen mehrere Einkommensströme aus einem einzigen Thema – vollständig unterstützt durch KI.

5. *Wählen Sie die richtige Verkaufsplattform*

Sobald Sie Ihren Produkttyp kennen, wählen Sie die passende Plattform:

E-Books: Amazon KDP, Gumroad, Payhip
Kurse: Udemy, Teachable, Thinkific
Vorlagen: Etsy, Gumroad, Creative Market
Printables: Etsy, Notion Market, Ko-fi

Sie können zusätzlich einen einfachen Verkaufstrichter mit Carrd, Systeme.io oder ConvertKit aufbauen, um 100 % Ihrer Gewinne zu behalten.

Vom Gymnasiallehrer zu digitalen Produktgewinnen

Carlos war Gymnasiallehrer, arbeitete lange Stunden und verdiente dennoch kaum genug, um seine Familie zu unterstützen. Er träumte von zusätzlichem

Online-Einkommen, doch alles schien kompliziert – Programmieren, teure Software, technische Hürden.

Eines Abends stieß er auf YouTube auf ein Video mit dem Titel „Wie man mit KI digitale Produkte verkauft". Der Ersteller zeigte, wie ChatGPT in fünf Minuten ein komplettes E-Book-Outline erstellte. Carlos spürte sofort: „Das kann ich auch."

Am nächsten Tag eröffnete er ein kostenloses ChatGPT-Konto und fragte:
„Gib mir 10 digitale Produktideen, die ich mit kostenlosen KI-Tools online verkaufen kann."

Die Liste beeindruckte ihn – E-Books, Vorlagen, digitale Planer, Videokurse, Notion-Tracker und mehr.

Er erinnerte sich daran, dass andere Lehrer ihn oft nach Unterrichtsplänen und druckbaren Materialien fragten. Das war seine Nische. Er fragte weiter:
„Welche digitalen Produkte kann ich für Gymnasiallehrer mit KI erstellen?"

Die Vorschläge:
Vorlagen für Klassenmanagement
E-Mail-Bundles für Elternkommunikation

Ein „Back-to-School Survival Kit“ als E-Book
Generatoren für Unterrichtspläne

Carlos entschied sich für „Klassenmanagement-Vorlagen“.

Mit Canva nutzte er KI-gestützte Designvorlagen und erstellte in wenigen Minuten professionelle Materialien. Die Inhalte und Anleitungen ließ er von ChatGPT formulieren. Alles bündelte er als PDF, lud es auf Gumroad hoch und setzte den Preis auf 9 €.

In einigen Facebook-Gruppen für Lehrer postete er sein Angebot – und erzielte am ersten Tag drei Verkäufe. 27 € waren kein Vermögen, aber der Beweis, dass das System funktionierte.

Motiviert erweiterte er das Produkt zu einem kompletten „Classroom Toolkit“ mit Planern, Checklisten und Eltern-E-Mail-Vorlagen. Zusätzlich erstellte er mit einem Text-zu-Video-Tool einen Mini-Kurs daraus.

Am Ende des Monats hatte Carlos über 700 € verdient – nicht durch zeitintensive Nebenjobs, sondern durch KI-generierte digitale Produkte, die sich auch während seiner Arbeitszeit weiterverkauften.

Und alles begann mit einer einzigen Frage:

„Welches digitale Produkt kann ich mit meinem

bestehenden Wissen – und ein wenig Hilfe von KI – erstellen?“

Kapitel 2: Mit KI hochwertige E-Books in weniger als 48 Stunden erstellen

Die Erstellung von E-Books war früher ein langer und einschüchternder Prozess. Man musste gut schreiben können, Wochen mit Gliederung und Bearbeitung verbringen und sich anschließend noch um Formatierung und Veröffentlichung kümmern. Doch dank KI-Schreibtools wie ChatGPT, Claude oder Gemini kann heute jeder innerhalb weniger Stunden professionelle, hochwertige E-Books erstellen – selbst wenn man noch nie zuvor eine einzige Seite geschrieben hat. Dieses Kapitel führt Sie Schritt für Schritt durch den gesamten Prozess – von der Themenwahl bis zur Veröffentlichung auf Plattformen mit Millionen von Nutzern.

Der erste Schritt besteht darin, ein Thema zu wählen, das sowohl gefragt ist als auch von der KI gut ausgearbeitet werden kann. Sie müssen kein Experte sein – die KI hilft bei Recherche und Struktur –, aber das Thema sollte kommerzielles Potenzial haben. Nutzen Sie Plattformen wie Amazon, Etsy oder Google Trends, um stark nachgefragte Themen zu identifizieren. Fragen Sie anschließend ChatGPT: „Welche trendigen E-Book-Themen gibt es aktuell in der Nische [Ihre Nische], für die Menschen bereit sind zu bezahlen?“ Sobald Sie ein Thema gewählt haben, lassen Sie sich ein detailliertes Inhaltsverzeichnis erstellen. Dieses dient als Bauplan und sorgt für eine klare Struktur. Ein Buch über „Wie man Business Credit aufbaut“ könnte beispielsweise Kapitel enthalten wie „Grundlagen von Business Credit verstehen“, „Ihr Unternehmen richtig aufsetzen“ oder „Business Credit ohne persönliche Bürgschaft aufbauen“.

Ist die Gliederung fertig, wird das Schreiben einfach. Bitten Sie ChatGPT, Abschnitt für Abschnitt zu formulieren. Statt ein ganzes Kapitel auf einmal zu verlangen, teilen Sie es auf: „Schreibe einen 500-Wörter-Abschnitt darüber, warum Business Credit für das Wachstum kleiner Unternehmen wichtig ist.“ Überarbeiten Sie den Text anschließend leicht, um Ihre persönliche Stimme einzubringen. So entsteht Schritt für Schritt Ihr vollständiges E-Book – ohne Überforderung. Achten Sie darauf, Ton und Zielgruppe im Prompt zu definieren, zum Beispiel: „Schreibe in einem freundlichen, verständlichen Ton für angehende Unternehmer.“

Nach dem Schreiben folgt die Formatierung. Kopieren Sie den Text in Google Docs oder Canva Docs. Nutzen Sie Überschriften, Aufzählungen und Hervorhebungen, um die Lesbarkeit zu verbessern. Lassen Sie sich Einleitung und Fazit ebenfalls von der KI formulieren. Canva bietet kostenlose E-Book-Vorlagen, die Sie individuell anpassen können. Ergänzen Sie bei Bedarf KI-generierte Bilder und gestalten Sie ein professionelles Cover. Exportieren Sie das fertige E-Book als saubere PDF-Datei, die sowohl auf Mobilgeräten als auch am Desktop gut lesbar ist.

Nun geht es an Veröffentlichung und Verkauf. Die drei Hauptoptionen sind Amazon KDP, Gumroad oder die eigene Website. Amazon KDP bietet Zugang zu Millionen potenzieller Kunden und eignet sich besonders für allgemeine Themen. Gumroad ist ideal für spezialisierte Leitfäden mit flexibler Preisgestaltung. Wer maximale Kontrolle und Gewinnmarge möchte, verkauft über eine eigene Verkaufsseite mit Tools wie Systeme.io oder Payhip und nutzt KI-gestütztes Marketing zur Traffic-Generierung. Sie können Ihr E-Book zusätzlich als Hörbuch anbieten oder mit Vorlagen und Checklisten bündeln, um den Wert zu steigern.

Ein großer Vorteil dieses Modells ist, dass Ihr E-Book nicht besonders lang sein muss. Ein klar fokussierter Leitfaden mit 5.000–10.000 Wörtern kann sich hervorragend verkaufen, wenn er ein konkretes Problem löst. Mit KI-Unterstützung können Sie im Laufe der Zeit mehrere E-Books in verschiedenen Nischen erstellen und so ein Portfolio aufbauen, das passives Einkommen generiert. Viele digitale Unternehmer verwandeln ihre E-Book-Inhalte später in YouTube-Videos, Kurse oder Blogartikel – ebenfalls mit KI.

Der letzte Schritt ist das Marketing. Auch hier unterstützt KI. Bitten Sie ChatGPT, Social-Media-Texte, Blogartikel oder E-Mail-Sequenzen zu schreiben. Mit Video-Tools lassen sich kurze Werbeclips aus Ihrem E-Book-Inhalt erstellen. Planen Sie Ihre Beiträge mit Social-Media-Tools und analysieren Sie die Performance. Wenn Sie skalieren möchten, schalten Sie Anzeigen und nutzen KI-generierte Inhalte, um Klicks auf Ihre Verkaufsseite zu lenken.

Ein E-Book zu erstellen erfordert heute keine monatelange Arbeit mehr. Mit den richtigen Prompts, Tools und einer klaren Struktur können Sie innerhalb von 48 Stunden vom Konzept zum veröffentlichten Autor werden. Konzentrieren Sie sich auf ein spezifisches, wertvolles Thema. Schreiben Sie effizient mit KI. Gestalten Sie professionell mit Design-Tools. Verkaufen Sie über etablierte Plattformen. Und vermarkten Sie mit KI-gestütztem Content. Diese Formel funktioniert – und ein einziges gutes E-Book kann der Anfang Ihres digitalen Imperiums sein.

Wie Michelle mit KI passives Einkommen aufbaute

Michelle hatte schon immer davon geträumt, Autorin zu sein. Doch zwischen Vollzeitjob, zwei Kindern und knappem Budget schien ein eigenes Buch unerreichbar. Sie hatte viele Ideen – Selbstfürsorge für Mütter, vegetarische Wochenpläne oder ihre persönliche Geschichte zum Wiederaufbau ihrer Kreditwürdigkeit nach einer Scheidung. Aber 100 Seiten alleine zu schreiben fühlte sich überwältigend an.

Eines Abends öffnete sie ChatGPT und fragte: „Kannst du mir helfen, ein E-Book zu schreiben?“ Die Antwort lautete: „Natürlich! Welches Thema interessiert dich?“ Sie entschied sich für „Selbstfürsorge für Mütter im Homeoffice“.

Innerhalb von Minuten hatte sie eine vollständige Gliederung mit zehn Kapiteln. Sie bat um einen 500-Wörter-Abschnitt zum Thema „Grenzen setzen mit Kindern im Homeoffice“ – und erhielt sofort einen gut strukturierten Entwurf. Sie ergänzte persönliche Erfahrungen, passte den Stil leicht an – und schrieb noch am selben Abend drei Kapitel. Zwei Tage später war das Buch fertig.

Mit einem Design-Tool wählte sie eine moderne Vorlage, fügte ruhige Bilder hinzu und gestaltete ein harmonisches Cover. Sie exportierte alles als PDF und lud es auf Gumroad hoch. Preis: 9 €. In einer Facebook-Gruppe teilte sie den Link – und erzielte vier Verkäufe am ersten Abend.

In den folgenden Tagen bewarb sie das Buch über Social Media und entwickelte ein zweites E-Book zum Thema Essensplanung. Beide Produkte bündelte sie zu einem Set und erhöhte den Preis. Am Monatsende hatte sie mehrere Hundert

Euro verdient – passiv, während sie kochte, mit ihren Kindern lernte oder spazieren ging.

Zum ersten Mal fühlte sie sich nicht nur wie jemand mit einem Traum – sondern wie eine echte Autorin. Und sie hatte es nicht auf traditionelle Weise geschafft, sondern mit Unterstützung von KI.

Michelles Geschichte zeigt: Sie brauchen keinen Verlag, kein Team und kein Wunder. Sie brauchen nur die richtigen Tools, eine Botschaft mit Mehrwert – und den Mut, anzufangen. Den Rest übernimmt die KI.

Kapitel 3: Digitale Vorlagen und Toolkits mit KI gestalten und verkaufen

Vorlagen und Toolkits gehören zu den einfachsten und profitabelsten digitalen Produkten, die Sie erstellen können – besonders mit Unterstützung von KI. Im Gegensatz zu E-Books oder Kursen, die eine durchgehende Struktur erfordern, liefern Vorlagen sofortigen Nutzen, sind direkt einsetzbar und verkaufen sich hervorragend über Plattformen wie Etsy, Gumroad, Creative Market oder die eigene Website. Mit kostenlosen KI-Design-Tools, Content-Generatoren und Automatisierungsplattformen können Sie innerhalb eines Nachmittags von der Idee zum verkaufsfertigen Produkt gelangen.

Der erste Schritt besteht darin, eine Nische zu wählen. Fragen Sie sich: „Welches Problem kann ich in 15 Minuten oder weniger für jemanden lösen?“ Vorlagen sind besonders bei vielbeschäftigten Menschen beliebt, weil sie Zeit sparen. Ein Unternehmer benötigt vielleicht einen Finanz-Tracker. Ein Content Creator sucht nach 30 Instagram-Beschreibungen. Ein Bewerber braucht eine professionelle Lebenslauf-Vorlage. Recherchieren Sie Trends auf Etsy, Canva oder Notion Market – oder fragen Sie ChatGPT: „Welche digitalen Vorlagen werden online stark nachgefragt?“

Sobald Sie Ihre Idee gewählt haben, entscheiden Sie sich für die passende Plattform. Für visuelle Designs wie Planer, Arbeitsblätter oder Social-Media-Pakete eignet sich Canva. Für technischere Tools wie Budgetrechner oder Geschäftspläne bieten sich Google Sheets oder Notion an. Anschließend nutzen Sie KI, um den Inhalt der Vorlage zu generieren. Erstellen Sie zum Beispiel eine Businessplan-Vorlage und lassen Sie ChatGPT Beispieltexte für jede Sektion formulieren – Zusammenfassung, Marktanalyse, Vertriebsstrategie usw. Diese Inhalte können Sie als Platzhalter einfügen, sodass Käufer sie leicht anpassen können.

Die visuelle Gestaltung ist entscheidend. Nutzen Sie KI-Designfunktionen wie Canva Magic Design oder ähnliche Tools, um ein sauberes, professionelles Layout zu erstellen. Wählen Sie ein konsistentes Farbschema und klare Schriftarten. Weniger ist mehr – Klarheit und Benutzerfreundlichkeit steigern den wahrgenommenen Wert. Ergänzen Sie eine kurze Anleitung, wie die Vorlage effektiv genutzt wird. Auch diese kann KI für Sie formulieren.

Um den Wert zu erhöhen, bündeln Sie mehrere Vorlagen zu einem Toolkit. Ein „Small Business Toolkit“ könnte beispielsweise enthalten:

– Eine Businessplan-Vorlage

– Eine Finanzprognose-Tabelle

– Ein Logo-Briefing-Formular
– Ein Kunden-Onboarding-Formular

Ein Bundle lässt sich oft für das Drei- bis Fünffache des Einzelpreises verkaufen, ohne dass Ihr Arbeitsaufwand wesentlich steigt. KI kann Ihnen sogar bei der Namensgebung helfen, etwa mit Ideen wie „Freelance Success System“ oder „Startup-in-a-Box“.

Für den Verkauf wählen Sie eine Plattform, die zu Ihrer Zielgruppe passt. Etsy eignet sich hervorragend für Planer und Produktivitäts-Tools. Gumroad oder Payhip ermöglichen sofortige digitale Auslieferung. Alternativ können Sie über Ihre eigene Landingpage verkaufen und 100 % des Gewinns behalten. Viele Anbieter nutzen kostenlose Vorlagen als Lead-Magnet, um E-Mail-Adressen zu sammeln und später größere Bundles zu verkaufen.

Erstellen Sie hochwertige Vorschaubilder. Nutzen Sie Mockups, die Ihre Vorlage auf Tablet, Laptop oder Smartphone zeigen. Ergänzen Sie Hinweise wie „Editierbar“, „Sofortiger Download“ oder „Enthält 5 Vorlagen“. KI kann Ihnen überzeugende Produktbeschreibungen formulieren, die klare Vorteile hervorheben.

Zum Abschluss folgt das Marketing. Lassen Sie sich von ChatGPT Social-Media-Texte, Pinterest-Beschreibungen,

Blogartikel oder E-Mail-Sequenzen erstellen. Sie können Ihr Toolkit sogar als Einstieg in größere Angebote wie Kurse oder Coaching nutzen. Wenn Sie skalieren möchten, testen Sie bezahlte Anzeigen mit KI-generierten Creatives.

Vorlagen und Toolkits sind eine Goldgrube, wenn sie strategisch erstellt werden. Sie sind schnell produziert, kostengünstig auslieferbar und bieten hohen Mehrwert für die richtige Zielgruppe. Mit KI wird der Prozess einfach, effizient und profitabel. Ob Designer, Unternehmer oder kompletter Anfänger – Vorlagen ermöglichen es Ihnen, Ihr Wissen in wiederholbare Verkäufe zu verwandeln – nahezu auf Autopilot.

Rafaels Geschichte auf Gumroad

Rafael hielt sich nie für besonders kreativ. Er war Personal Trainer und hatte seine Arbeitszeit im Fitnessstudio reduziert, um sich online etwas aufzubauen. Schreiben oder Design waren nicht seine Stärke. Doch eines Tages entdeckte er ein Video über KI-generierte Notion-Vorlagen.

Neugierig suchte er auf Etsy nach „Fitness Planner“ und fand hunderte Ergebnisse mit tausenden Bewertungen. Ihm wurde klar: Er musste kein Designer sein – er musste nur sein Wissen strukturieren.

Er öffnete Canva und wählte eine schlichte Fitness-Vorlage. Mit ChatGPT ließ er einen 30-Tage-Trainingsplan mit Warm-ups und täglichen Tipps erstellen. Er ergänzte eigene Erfahrungen und gestaltete ansprechende Mockups. Das Produkt nannte er „30-Day Fitstart Planner“ und bot es für 12 € auf Gumroad an.

Am nächsten Morgen hatte er zwei Verkäufe. Kein großes Vermögen – aber ein Beweis. Er erstellte weitere Vorlagen: Ernährungs-Tracker, Trainingsprotokolle, Kundenformulare. Schließlich bündelte er alles zu einem „Fitness Coach Starter Kit“ für 29 €.

Innerhalb einer Woche erzielte er 18 Verkäufe. Das Gefühl, im Schlaf Geld zu verdienen, war neu und motivierend. Später baute er eine einfache Landingpage auf und sammelte E-Mail-Adressen mit einem kostenlosen 7-Tage-Ernährungsplan. KI half ihm bei der Erstellung der E-Mail-Serie, die sein Bundle bewarb – und die Verkäufe verdoppelten sich.

Aus einer einzelnen Vorlage wurde eine wachsende digitale Marke. Rafael war nicht mehr nur Trainer – er war digitaler Unternehmer. Mit KI als stillem Partner baute er ein Geschäft auf, das für ihn arbeitete – nicht umgekehrt.

Kapitel 4: Online-Kurse mit KI erstellen und verkaufen – ganz ohne vor der Kamera zu stehen

Online-Kurse gehören zu den profitabelsten digitalen Produkten, die Sie erstellen können – besonders in Kombination mit KI. Durch den Boom von E-Learning-Plattformen und die weltweite Nachfrage nach Weiterbildung war es noch nie so einfach, Wissen zu teilen und dafür bezahlt zu werden. Und das Beste: Sie müssen weder vor der Kamera stehen noch ein Filmteam engagieren oder monatelang Inhalte produzieren. Dank KI-Tools für Skripterstellung, Voiceovers, Präsentationen und Videobearbeitung können Sie innerhalb weniger Tage einen professionellen Kurs erstellen.

Der erste Schritt ist die Wahl eines klar definierten Themas. Konzentrieren Sie sich darauf, ein konkretes Problem zu lösen. Allgemeine Themen wie „Business lernen" oder „Gesünder leben" sind zu breit. Präzisieren Sie es. Zum Beispiel: „Business Credit aufbauen ohne private Bürgschaft" oder „Essensplanung für vielbeschäftigte Veganer". Nutzen Sie ChatGPT zur Ideenfindung: „Nenne mir 10 profitable Kursideen in der Nische [Ihr Bereich]." Validieren Sie die Nachfrage über Plattformen wie Udemy oder Google Trends.

Sobald das Thema feststeht, lassen Sie sich von der KI einen Lehrplan erstellen. Prompt-Beispiel: „Erstelle eine 10-Lektionen-Gliederung für einen Anfängerkurs zum Thema [Kurstitel]." Anschließend können Sie für jede Lektion ein detailliertes Skript generieren lassen: „Schreibe ein freundliches, leicht verständliches Skript für Lektion 1 mit Fokus auf [Thema]." Dieses Skript bildet die Grundlage Ihres Voiceovers – ideal für einen gesichtslosen Kurs.

Nun entscheiden Sie, wie der Kurs präsentiert wird. Möglichkeiten sind:

- Präsentationsfolien mit Voiceover
- KI-Avatare
- Animierte Videos
- Bildschirmaufnahmen

Tools wie Pictory, Synthesia oder InVideo ermöglichen es, Ihr Skript einzufügen und automatisch professionelle Videos zu generieren. Für realistische Sprachaufnahmen eignen sich Tools wie ElevenLabs oder PlayHT. So können Sie hochwertige Audiolektionen erstellen, ohne selbst zu sprechen.

Für die visuelle Gestaltung können Sie Präsentationen mit Canva oder ähnlichen Tools erstellen. Halten Sie die Folien übersichtlich – ein Kerngedanke pro Folie, klare Struktur, wenig Text. Ergänzen Sie lizenzfreie Bilder oder kurze

Videoclips, um die Inhalte lebendiger zu machen. Kurze Lektionen unter 10 Minuten erhöhen die Aufmerksamkeit und beschleunigen die Produktion.

Ist der Kurs fertig, wählen Sie die passende Plattform. Udemy oder Skillshare bieten integrierten Traffic. Plattformen wie Teachable, Thinkific oder Gumroad geben Ihnen mehr Kontrolle über Preis und Gewinn. Alternativ können Sie den Kurs über eine eigene Landingpage verkaufen und E-Mail-Marketing einsetzen, um langfristige Kundenbeziehungen aufzubauen.

Um den Wert zu steigern, fügen Sie Bonusmaterialien hinzu: Checklisten, Vorlagen oder Zusammenfassungen. Lassen Sie diese ebenfalls von KI erstellen. Sie können Ihren Kurs zusätzlich in ein E-Book oder ein Bundle verwandeln und mehrere Einnahmequellen aus demselben Inhalt generieren.

Marketing ist entscheidend – und auch hier hilft KI. Lassen Sie sich Landingpages, Werbetexte und E-Mail-Sequenzen erstellen. Erstellen Sie kurze Promo-Videos aus Ihren Kursinhalten und planen Sie Ihre Beiträge automatisiert. Ziel ist es, einmal zu erstellen und langfristig zu verkaufen.

Sie benötigen keine teure Ausrüstung, keine große Reichweite und keine jahrelange Erfahrung. Mit klarer Struktur, guten Prompts und den richtigen Tools können Sie Kurse erstellen, die echten Mehrwert liefern – ohne Kamera, ohne Stress. Die KI übernimmt die technische Arbeit. Sie liefern das Wissen.

Elena und ihr erster Kurs „Smart Eating for Kids"

Elena war zertifizierte Ernährungsberaterin. Nach der Geburt ihres zweiten Kindes wollte sie nicht mehr in ihre Vollzeitstelle zurückkehren. Die Idee, einen Online-Kurs zu erstellen, schreckte sie zunächst ab – sie mochte keine Kameras und fühlte sich unsicher vor Publikum.

Doch eines Abends entdeckte sie ein Video über KI-generierte Kurse ohne Gesicht und eigene Stimme. Neugierig begann sie zu recherchieren. Am nächsten Tag fragte sie ChatGPT: „Welche profitablen Kursideen gibt es im Bereich Ernährung?"

Eine Idee stach hervor: „Smart Eating for Kids." Sie ließ sich eine 10-Modul-Gliederung erstellen und generierte für jedes Modul ein Skript. Mit einem KI-Voice-Tool verwandelte sie die Texte in warme, professionelle Audioaufnahmen. Anschließend gestaltete sie schlichte, freundliche Präsentationsfolien und kombinierte alles zu Video-Lektionen.

Nach wenigen Tagen war ihr Kurs fertig. Sie ergänzte Bonusmaterialien wie einen Rezeptleitfaden und eine Einkaufsliste. Sie veröffentlichte den Kurs für 49 € auf einer Verkaufsplattform und bewarb ihn über Social Media.

Bereits im ersten Monat erzielte sie über 1.000 € Umsatz – von zu Hause aus, ohne Kamera, ohne eigenes Videostudio. Sie baute darauf auf, wandelte den Kurs in ein E-Book um und entwickelte weitere Angebote.

Elena zeigte, was mit KI möglich ist. Wenn Sie Wissen besitzen und bereit sind, neue Tools zu nutzen, können Sie Menschen helfen – ohne Ihr Zuhause zu verlassen oder vor einer Kamera zu stehen. Ihre Botschaft zählt. Die KI hilft Ihnen, sie in die Welt zu tragen.

Kapitel 5: Ihre KI-generierten Inhalte in Bundles verwandeln, um Verkäufe und Gewinne zu steigern

Eine der wirkungsvollsten Strategien zur Steigerung Ihres passiven Einkommens ist das Bundling. Anstatt einzelne E-Books, Vorlagen oder Kurse separat zu verkaufen, kombinieren Sie diese zu hochwertigen Gesamtpaketen – und erhöhen damit den wahrgenommenen Wert, die Conversion-Rate und den durchschnittlichen Bestellwert erheblich. Mit KI ist das Erstellen solcher Bundles einfacher denn je. Sie können bestehende Inhalte wiederverwenden, ergänzende Produkte generieren und alles professionell verpacken – innerhalb weniger Stunden.

Die Psychologie hinter Bundles ist klar: Menschen lieben Bequemlichkeit und das Gefühl, ein gutes Angebot zu erhalten. Wenn Sie mehrere Lösungen in einem Paket anbieten, sparen Ihre Kunden Zeit und Aufwand. Statt fünf einzelne Produkte zu kaufen, erhalten sie alles in einem Gesamtpaket – oft zu einem leicht reduzierten Preis. Gleichzeitig steigern Sie Ihren Umsatz pro Verkauf. Ein einzelnes E-Book für 19 € verkauft sich vielleicht gelegentlich. Ein Bundle für 49 €, das drei E-Books, eine Vorlage und eine Checkliste enthält, wirkt attraktiver und verkauft sich häufiger – sogar an dieselbe Zielgruppe.

Beginnen Sie damit, Ihre Produkte nach Thema oder Zielgruppe zu gruppieren. Haben Sie beispielsweise einen Kurs zum Thema Personal Branding, ein E-Book über Social-Media-Content und eine Canva-Vorlage für Instagram, könnten Sie daraus ein „Personal Brand Power Pack" erstellen. Budget-, Essensplanungs- und Terminvorlagen lassen sich zu einem „Produktivitäts-Kit für vielbeschäftigte Mütter" bündeln. Sie können ChatGPT fragen: „Welche Art von digitalem Bundle kann ich mit diesen drei Produkten erstellen: [Liste einfügen]?" Die KI liefert Ihnen passende Namen, Zielgruppenideen und Bonusvorschläge.

Erstellen Sie anschließend ergänzende Inhalte, die Ihr Bundle unwiderstehlich machen. Das können sein:

- Checklisten
- Arbeitsbücher
- Swipe-Dateien
- Cheat Sheets
- Druckbare Planer
- Video-Tutorials

Selbst wenn diese Inhalte noch nicht existieren, kann KI sie in wenigen Minuten generieren. Nutzen Sie Prompts wie:

„Erstelle eine einseitige Checkliste zum Thema [Thema]“ oder „Schreibe ein Arbeitsbuch mit Übungen passend zu meinem E-Book über [Thema].“ Formatieren Sie diese Materialien mit Canva oder Google Docs zu professionellen PDFs. Oft sind es gerade diese Extras, die den wahrgenommenen Wert massiv steigern.

Geben Sie Ihrem Bundle einen Namen, der Transformation und Klarheit signalisiert. Bitten Sie ChatGPT um Vorschläge wie „Financial Freedom Starter Kit“, „Content Creation Accelerator“ oder „Mindful Living Toolbox“. Begriffe wie „Kit“, „Bundle“ oder „System“ verdeutlichen, dass es sich um eine umfassende Lösung handelt.

Die Preisstrategie ist entscheidend. In der Regel liegt der Bundle-Preis beim Drei- bis Fünffachen Ihres Hauptprodukts, wirkt aber dennoch wie ein Angebot. Wenn Ihr E-Book 19 € kostet, kann Ihr Bundle 49 € kosten. Sie können den Preis verankern, indem Sie den Gesamtwert aller Einzelprodukte auflisten („Wert: 97 €, heute nur 39 €“). Zeitlich begrenzte Angebote oder Bonusinhalte steigern zusätzlich die Conversion-Rate. Eine Geld-zurück-Garantie schafft Vertrauen.

Erstellen Sie eine klare, conversionstarke Landingpage mit Tools wie Systeme.io oder Gumroad. Erklären Sie, was enthalten ist, für wen das Bundle gedacht ist und welches Problem es löst. Nutzen Sie Bullet Points, Vorschaubilder und – falls vorhanden – Testimonials. ChatGPT kann Ihnen überzeugende Verkaufstexte, Headlines und Call-to-Actions formulieren.

Ist das Bundle live, nutzen Sie KI-gestütztes Marketing. Erstellen Sie kurze Video-Clips, automatisierte E-Mail-Sequenzen und planen Sie Social-Media-Beiträge. Sie können auch ein günstiges Einstiegsprodukt („Tripwire") anbieten, das später zum Bundle hochverkauft wird. Mit der Zeit wird Ihr Bundle zu einem skalierbaren digitalen Asset, das kontinuierlich Einkommen generiert.

Der große Vorteil des Bundlings: Sie beginnen nicht bei null. Sie nutzen vorhandene Inhalte, optimieren sie mit KI und steigern deren Wert durch intelligente Verpackung. So entwickeln sich durchschnittliche Creator zu profitablen Unternehmern – nicht durch mehr Arbeit, sondern durch klügere Angebote.

Jasmine – die Produktivitäts-Expertin

Jasmine war Produktivitätscoach und hatte im Laufe der Jahre zahlreiche Tools entwickelt: Zeitblock-Planer, Zielsetzungs-Workbooks, digitale Planer und sogar kleine Kurse. Doch der Einzelverkauf war mühsam.

Eines Abends erkannte sie: „Ich verkaufe Puzzleteile – statt das ganze Bild."

Sie öffnete ihre bisherigen Produkte und gruppierte sie nach Themen wie Morgenroutinen, Wochenplanung und Deep-Work-Strategien. Dann fragte sie ChatGPT: „Welches Bundle kann ich mit täglichen Planern, Zielsetzungs-Vorlagen und einem Zeitmanagement-Kurs erstellen?"

Die Antwort: „The Ultimate Productivity Starter Kit."

Sie benannte es in „The Productive Life Bundle" um, gestaltete neue Mockups und ließ sich von ChatGPT eine 7-Tage-E-Mail-Challenge als Bonus erstellen. Zusätzlich generierte sie ein Meditationsskript und wandelte es mit einem KI-Voice-Tool in eine Audio-Datei um.

Was früher einzelne Produkte im Wert von 10–19 € waren, wurde nun ein Bundle mit einem Gesamtwert von über 150 €. Sie setzte den Preis auf 49 € und veröffentlichte es.

Innerhalb einer Woche erzielte sie mehrere Hundert Euro Umsatz – mit Inhalten, die sie bereits erstellt hatte.

Später entwickelte sie weitere thematische Bundles:
– „Busy Mom Focus Pack"
– „Entrepreneur's Deep Work System"
– „Student Success Toolkit"

Jedes neue Bundle baute auf bestehenden Inhalten auf, ergänzt durch KI-generierte Extras. In wenigen Monaten wuchs ihr Einkommen deutlich – und noch wichtiger: Sie hatte ein skalierbares, intelligentes Geschäftsmodell aufgebaut.

Der Wendepunkt war simpel: Sie hörte auf, Einzelteile zu verkaufen – und begann, komplette Lösungen anzubieten.

Kapitel 6: Verkäufe, Auslieferung und Follow-up mit KI-Tools automatisieren

Sobald Ihre digitalen Produkte erstellt sind – ob E-Books, Kurse, Vorlagen oder Bundles – besteht der nächste Schritt darin, alles zu automatisieren. Dazu gehören Verkauf, Auslieferung und die Nachverfolgung Ihrer Kunden. Ziel ist es, ein System aufzubauen, das Einnahmen generiert und Beziehungen pflegt, während Sie schlafen. Dank KI-gestützter Automatisierungstools ist das heute möglich – ganz ohne Programmierkenntnisse oder technisches Team.

Beginnen Sie mit der Auswahl einer Plattform für Hosting und Verkauf. Beliebte Optionen sind Gumroad, Systeme.io, Podia oder Payhip. Diese Plattformen ermöglichen es Ihnen, Produkte hochzuladen, Preise festzulegen und Dateien automatisch nach dem Kauf zu versenden. Sobald ein Kunde bezahlt, erhält er automatisch eine E-Mail mit dem Download-Link oder den Zugangsdaten. Das spart Zeit und eliminiert manuelle Arbeit. Achten Sie darauf, dass Ihre Plattform mit Zahlungsanbietern wie Stripe oder PayPal sowie mit E-Mail-Marketing-Tools integrierbar ist.

Der nächste Schritt ist der Verkaufsfunnel – eine strukturierte Abfolge von Seiten, die Besucher vom ersten Interesse bis zum Kauf führen. Ein typischer Funnel umfasst:

– Landingpage
– Produkt- oder Checkout-Seite
– Danke-Seite
– Automatisierte Follow-up-E-Mails

Mit ChatGPT können Sie alle Texte erstellen. Zum Beispiel: „Schreibe eine conversionstarke Landingpage für mein Produkt [Name] für [Zielgruppe]." Anschließend: „Erstelle eine 5-teilige E-Mail-Sequenz für neue Abonnenten zum Thema [Thema]." Tools wie Systeme.io oder ConvertKit ermöglichen die einfache Einrichtung solcher Automationen per Drag-and-Drop.

Automatisieren Sie auch die Lead-Generierung. Bieten Sie einen kostenlosen Mehrwert – etwa ein E-Book, eine Checkliste oder eine Vorlage – im Austausch gegen eine E-Mail-Adresse an. Dieser sogenannte Lead-Magnet ist entscheidend für den Aufbau langfristiger Kundenbeziehungen. Auch hier hilft KI bei der Erstellung von Inhalten und E-Mail-Sequenzen, die später Ihr Hauptprodukt bewerben.

Sobald Sie E-Mail-Adressen gesammelt haben, arbeitet Ihr Follow-up-System im Hintergrund. E-Mail-Marketing bleibt einer der profitabelsten Kanäle – und kann vollständig KI-gestützt erstellt werden. Sie können regelmäßige

Newsletter, themenspezifische Sequenzen oder automatisierte Evergreen-Kampagnen einrichten. Segmentierung ermöglicht es, unterschiedliche Inhalte an Käufer und Interessenten zu senden.

Ein weiterer wichtiger Bestandteil ist Upselling und Cross-Selling. Nach dem Kauf können zusätzliche Angebote eingeblendet werden, etwa: „Bonus-Arbeitsbuch für nur 7 € hinzufügen." Solche Mikroangebote erhöhen den durchschnittlichen Umsatz pro Kunde erheblich. Auch hier kann KI überzeugende Angebotstexte formulieren.

Automatisieren Sie zusätzlich Ihre Social-Media-Präsenz. Mit Tools wie Buffer oder Metricool können Sie Beiträge im Voraus planen. ChatGPT erstellt die Bildunterschriften, Canva liefert die Designs. So bleibt Ihre Online-Präsenz konstant – ohne täglichen Aufwand.

Für den Kundensupport können KI-Chatbots eingesetzt werden, die häufige Fragen automatisch beantworten. Das verbessert die Kundenerfahrung und spart Zeit.

Vergessen Sie nicht, Ihre Ergebnisse zu analysieren. Nutzen Sie integrierte Analysetools, um zu erkennen, welche E-Mails oder Angebote am besten funktionieren. Sie können ChatGPT sogar um Optimierungsvorschläge bitten.

Automatisierung bedeutet nicht Unpersönlichkeit – sondern Effizienz. Sie gewinnen Zeit für Kreativität und Strategie, während Ihre Systeme wiederkehrende Aufgaben übernehmen. Mit KI-Tools können Sie Ihr digitales Geschäft in eine 24/7-Einkommensmaschine verwandeln.

Marcus und sein erster automatisierter Funnel

Marcus hatte einen detaillierten Online-Kurs über Budgetierung erstellt. Doch der manuelle Verkaufsprozess war anstrengend. Nach jedem Kauf musste er Dateien versenden, Fragen beantworten und individuell nachfassen.

Er entschied sich, sein System neu aufzubauen – diesmal mit KI. Er fragte ChatGPT: „Hilf mir, einen einfachen Verkaufsfunnel für meinen Budgetkurs zu erstellen." Die Antwort lieferte eine klare Struktur: Lead-Magnet, E-Mail-Sequenz, Produktseite mit Upsell, Follow-up-Serie.

Er entwickelte einen kostenlosen „5-Tage-Geld-Reset-Plan", richtete eine automatische E-Mail-Sequenz ein und integrierte ein Upsell-Angebot nach dem Checkout. Alles wurde automatisiert.

Innerhalb weniger Wochen stieg sein Umsatz deutlich – ohne zusätzlichen täglichen Aufwand. Statt ständig präsent sein zu müssen, arbeitete sein System im Hintergrund.

Marcus erkannte: Wenn Sie eine Aufgabe mehr als zweimal wiederholen, sollten Sie sie automatisieren. Mit dieser Denkweise verwandelte er sein Nebenprojekt in ein skalierbares, halb-passives digitales Geschäft.

Und alles begann mit einer einfachen Frage:
„Kann KI mir helfen, ein intelligenteres System aufzubauen?“

Die Antwort war eindeutig: Ja.

Kapitel 7: Marketing mit KI — Anzeigen, Inhalte und Wachstumsstrategien, die rund um die Uhr funktionieren

Digitale Produkte zu erstellen ist nur die halbe Gleichung. Die andere Hälfte – und oft die größte Herausforderung – ist das Marketing. Doch dank KI benötigen Sie heute weder eine Werbeagentur noch ein Marketingstudium. Sie können komplette Kampagnen, Anzeigentexte, Grafiken, Videos und Social-Media-Inhalte in wenigen Minuten erstellen. Dieses Kapitel zeigt Ihnen, wie Sie mit KI eine 24/7-Marketingmaschine aufbauen, die kontinuierlich Verkäufe und Reichweite generiert.

Beginnen Sie mit Ihrer Kernbotschaft. Jedes Produkt braucht einen starken „Hook“ – einen klaren Grund, warum sich jemand dafür interessieren sollte. Nutzen Sie ChatGPT mit einem Prompt wie: „Nenne mir 10 Marketing-Ansätze für einen digitalen Kurs zum Thema [Thema].“ Sie erhalten emotionale, problemorientierte oder zeitsparende Perspektiven. Beispiele: „Verwandeln Sie Ihren Lebenslauf in einen Kundenmagneten“ oder „Erledigen Sie mehr in weniger Zeit mit diesem 3-Schritte-System.“

Anschließend erstellen Sie Marketinginhalte. Bitten Sie ChatGPT um E-Mail-Sequenzen, Instagram-Captions, YouTube-Titel oder Blog-Gliederungen. Beispiel: „Schreibe eine 5-tägige E-Mail-Serie zur Bewerbung meines E-Books über finanzielle Freiheit." Innerhalb von Minuten haben Sie einen kompletten Content-Plan mit klaren Handlungsaufforderungen.

Für visuelle Inhalte nutzen Sie KI-Design-Tools wie Canva Magic Design oder ähnliche Plattformen. Erstellen Sie aufmerksamkeitsstarke Grafiken für Social Media, Anzeigen und Landingpages. Wenn Sie Ihre Marke aufbauen möchten, lassen Sie sich von ChatGPT einen Stil-Leitfaden erstellen – inklusive Farben, Schriftarten und Tonalität.

Video ist derzeit das konvertierungsstärkste Format im digitalen Marketing. Mit Tools wie Pictory oder InVideo können Sie aus KI-generierten Skripten Werbevideos erstellen – auch ohne selbst vor der Kamera zu stehen. Bitten Sie ChatGPT: „Schreibe ein 30-Sekunden-Werbeskript für mein digitales Produkt für [Zielgruppe]." Kombinieren Sie das Skript mit Stock-Videos und einer KI-Voiceover-Stimme – und produzieren Sie in Minuten professionelle Clips.

Für organische Reichweite ist Konsistenz entscheidend. Planen Sie Ihre Beiträge automatisiert über

Social-Media-Tools. Mischen Sie Mehrwert-Inhalte (Tipps), Autoritätsbeiträge (Erfolgsgeschichten) und dezente Promotion.

Wenn Sie schnell skalieren möchten, testen Sie bezahlte Anzeigen auf Meta oder Google. Lassen Sie ChatGPT mehrere Varianten Ihrer Anzeigen schreiben und testen Sie unterschiedliche emotionale Ansätze. Schon mit kleinen Budgets können Sie herausfinden, welche Botschaften am besten funktionieren.

Auch SEO ist mit KI leichter geworden. Erstellen Sie suchmaschinenoptimierte Blogartikel oder Produktbeschreibungen mit passenden Keywords. So bauen Sie langfristigen, kostenlosen Traffic auf.

Vergessen Sie nicht, Ihre Ergebnisse zu analysieren. Überprüfen Sie Klick- und Conversion-Raten und lassen Sie sich von ChatGPT Optimierungsvorschläge geben. KI hilft nicht nur beim Erstellen, sondern auch beim Verbessern.

Mit den richtigen Tools wird Marketing kein Engpass mehr. KI ermöglicht es Ihnen, Kampagnen schnell zu testen, anzupassen und zu skalieren – rund um die Uhr.

Tashas Weg zu 1.200–1.800 € pro Monat

Tasha hatte ein hochwertiges digitales Planer-Bundle erstellt – doch die Verkäufe blieben aus. Zwei Wochen nach dem Launch hatte sie nur zwei Exemplare verkauft.

Statt aufzugeben, fragte sie ChatGPT: „Wie kann ich mein digitales Planer-Bundle für vielbeschäftigte Berufstätige bewerben?" Die KI lieferte einen klaren Plan: Zielgruppe definieren, Inhalte erstellen, visuelle Aufmerksamkeit erzeugen, kurze Videos nutzen, günstige Anzeigen testen und E-Mail-Sequenzen aufsetzen.

Sie begann mit Social-Media-Texten, generierte innerhalb einer Stunde mehrere Wochen Content und erstellte professionelle Grafiken mit KI-Design-Tools. Anschließend produzierte sie ein kurzes Werbevideo mit einem KI-Voiceover – ganz ohne selbst vor der Kamera zu stehen.

Die Verkäufe stiegen. Sie testete kleine Anzeigenbudgets und optimierte ihre Botschaften mithilfe von KI. Zusätzlich erstellte sie einen kostenlosen Lead-Magneten und baute eine E-Mail-Liste auf.

Innerhalb von drei Monaten generierte sie regelmäßig 1.200–1.800 € pro Monat – nicht durch mehr Produkte, sondern durch intelligenteres Marketing.

Sie stellte fest: Erfolg entsteht nicht durch Zufall oder Viralität, sondern durch Sichtbarkeit und Konsistenz. Mit KI fand sie ihre Marketingstimme – und ihr Publikum.

Kapitel 8: Ihr Einkommen skalieren, indem Sie Gewinne in weitere KI-Produkte reinvestieren

Sobald Sie Ihre ersten Verkäufe erzielt haben, beginnt die eigentliche Chance. Viele Creator bleiben bei ein oder zwei digitalen Produkten stehen. Doch diejenigen, die langfristig skalierbares Einkommen aufbauen, verstehen ein zentrales Prinzip: Gewinne reinvestieren, um mehr zu erschaffen.

Da KI-Tools Produktionszeit und -kosten drastisch senken, können selbst kleine Gewinne – intelligent reinvestiert – Ihr Wachstum exponentiell beschleunigen. In diesem Kapitel erfahren Sie, wie Sie strategisch reinvestieren und eine nachhaltige digitale Einkommensmaschine aufbauen.

Der erste Schritt zur Skalierung ist Analyse. Prüfen Sie Ihre Verkaufsplattform, E-Mail-Statistiken und Social-Media-Daten. Welches Produkt konvertiert am besten? Welche E-Mail generiert die meisten Klicks? Welche Plattform bringt die meisten Käufer? Nutzen Sie ChatGPT mit einem Prompt wie: „Analysiere diese Verkaufszahlen und schlage mir das nächste Produkt vor." Ihre Daten bestimmen Ihre nächsten Schritte.

Legen Sie anschließend einen festen Prozentsatz Ihrer Gewinne für Reinvestitionen zurück – idealerweise 30–50 %. Wenn Sie beispielsweise 500 € verdient haben, investieren Sie 150–250 € in neue Produkte, bessere Tools, Anzeigen oder Optimierungen. Teilen Sie Ihr Budget auf drei Bereiche auf: Produktentwicklung, Marketing und Optimierung.

In der Produktentwicklung können Sie ergänzende Inhalte erstellen. Wenn Sie ein Produktivitäts-E-Book veröffentlicht haben, könnten Sie hinzufügen:

- Ein begleitendes Arbeitsbuch
- Einen Mini-Videokurs
- Ein Vorlagen-Bundle
- Eine mobile Version

Mit KI lassen sich solche Erweiterungen schnell erstellen. Dadurch entstehen Upsells, Bundles oder Spin-off-Produkte für dieselbe Zielgruppe – mit minimalem Mehraufwand.

Im Marketing investieren Sie in bewährte Kanäle. Wenn Ihre E-Mail-Liste wächst, upgraden Sie Ihr E-Mail-Tool. Wenn Videos konvertieren, investieren Sie in Premium-Funktionen von Video-Tools. Kleine Anzeigenbudgets von 5–20 € pro Tag können getestet werden. Lassen Sie sich von ChatGPT mehrere Anzeigenvarianten erstellen und analysieren Sie wöchentlich die Ergebnisse.

Optimierung ist ebenso wichtig. Verbessern Sie Landingpages, Verkaufsargumente, Produktbilder und Automatisierungen. Fragen Sie KI: „Wie kann ich meine Conversion-Rate steigern?" oder „Wie erhöhe ich meinen durchschnittlichen Bestellwert?" Kleine Anpassungen können große Auswirkungen haben.

Ein weiterer Skalierungshebel ist die Wiederverwertung bestehender Inhalte. Wandeln Sie Ihr E-Book in ein Hörbuch um. Verwandeln Sie Ihre E-Mail-Serie in einen Kurs. Erstellen Sie aus Blogartikeln einen Podcast. Mehr Formate bedeuten mehr Einstiegspunkte in Ihr Ökosystem.

Erstellen Sie außerdem eine Produktleiter mit unterschiedlichen Preispunkten:

– Kostenloser Lead-Magnet
– 9 € Einstiegsprodukt
– 49 € Kurs oder Bundle
– 97 € Masterclass
– 250 € Coaching oder Service

So bedienen Sie verschiedene Zielgruppenstufen. Wer mit einem kleinen Produkt startet und Ergebnisse erzielt, wird eher upgraden.

Auch Kooperationen können Wachstum beschleunigen. Investieren Sie in ein professionelles Cover oder arbeiten Sie mit anderen Creatorn zusammen, um gemeinsame Bundles zu erstellen. KI hilft bei der Erstellung von Kooperationsanfragen und Landingpages.

Setzen Sie sich monatliche Ziele, ein bis zwei neue Produkte oder Erweiterungen zu veröffentlichen. Mit KI beschleunigen Sie die Umsetzung und vermeiden Überlastung. Je mehr hochwertige digitale Assets Sie besitzen, desto stärker wächst Ihr Einkommen – ohne zusätzlichen Zeiteinsatz.

Skalierung ist kein Zufall und kein viraler Moment. Es ist ein System – aufgebaut Schritt für Schritt – mit KI als Motor.

Devons Nebenprojekt wird zur Einkommensmaschine

Devon veröffentlichte eine einfache Notion-Vorlage für Nebenprojekte und verdiente in zwei Wochen 372 €. Statt das Geld auszugeben, fragte er ChatGPT: „Wie baue ich daraus ein 2.000-€-pro-Monat-Geschäft?"

Die Antwort: Angebot erweitern, Funnel verbessern, Reichweite erhöhen.

Er investierte in bessere Designs, entwickelte ein Bundle mit zusätzlichen Vorlagen und erstellte eine automatisierte E-Mail-Serie. Das Bundle verkaufte sich besser als das Einzelprodukt.

Anschließend investierte er in kurze Video-Inhalte und baute mit einem kostenlosen Lead-Magneten eine E-Mail-Liste auf. Monat für Monat veröffentlichte er neue Produkte und Erweiterungen.

Nach sechs Monaten verdiente er über 2.800 € pro Monat – nicht durch einen viralen Hit, sondern durch konsequente Reinvestition kleiner Gewinne.

Devon erkannte: Es war nicht ein großer Durchbruch, sondern die stetige Verstärkung kleiner Erfolge – unterstützt durch KI –, die aus einer einzelnen Vorlage ein digitales Imperium machte.

Kapitel 9: Eine Marke und Community rund um Ihre KI-Digitalprodukte aufbauen

Großartige digitale Produkte zu erstellen ist nur der Anfang. Wenn Sie langfristig erfolgreich sein wollen, müssen Sie etwas aufbauen, das stärker ist als ein einzelnes Produkt – Sie brauchen eine Marke. Eine Marke macht Sie wiedererkennbar, erhöht Ihre Glaubwürdigkeit, erlaubt höhere Preise und verwandelt Einmalkäufer in loyale Fans. In Kombination mit einer engagierten Community entsteht daraus eine Plattform, die Sie über Jahre hinweg tragen kann. In diesem Kapitel lernen Sie, wie Sie mithilfe von KI eine klare Markenidentität entwickeln, Follower gewinnen und eine Community aufbauen, die Ihr Wachstum verstärkt.

Beginnen wir mit Ihrer Markenidentität. Dazu gehören Ihr Markenname, Ihr Slogan, Ihr Tonfall, Ihr visueller Stil und Ihre Kernbotschaft. Es ist das Gefühl, das Menschen mit Ihnen verbinden. Mit ChatGPT können Sie diese Elemente schnell definieren. Zum Beispiel: „Erstelle eine Markenidentität für einen digitalen Creator, der Produktivitäts-Vorlagen für vielbeschäftigte Unternehmer verkauft." Sie erhalten Vorschläge zu Tonalität (professionell, aber nahbar), Werten (Effizienz, Klarheit, Freiheit) und visueller Richtung (klare

Schriftarten, beruhigende Farben). Anschließend können Sie weiter verfeinern: „Schlage 5 einprägsame Markennamen vor, die zu zeitsparenden digitalen Produkten passen."

Sobald Ihre Identität steht, entwickeln Sie Ihre visuelle Marke. Mit Tools wie Canva können Sie Logo, Farbpalette und Typografie festlegen. Speichern Sie Ihre Elemente in einem Brand-Kit, damit alle Designs konsistent bleiben – von Social-Media-Posts bis zu Landingpages. Konsistenz schafft Vertrauen.

Der nächste Schritt ist Content. Markenbekanntheit entsteht durch regelmäßige, hilfreiche Inhalte. Bitten Sie ChatGPT: „Erstelle einen 30-Tage-Content-Plan für meine Personal-Finance-Marke." Veröffentlichen Sie regelmäßig auf ein bis zwei Plattformen, auf denen Ihre Zielgruppe aktiv ist. Teilen Sie Tipps, Einblicke hinter die Kulissen, Erfolgsgeschichten Ihrer Kunden und kleine Aha-Momente aus Ihren Produkten. Mit der Zeit wird Ihr Name mit Qualität und Vertrauen verbunden.

Um eine tiefere Bindung aufzubauen, erstellen Sie eine kostenlose Community – etwa in einer Facebook-Gruppe oder auf einer Plattform Ihrer Wahl. Lassen Sie sich von ChatGPT beim Namen, bei der Gruppenbeschreibung und bei Willkommensposts helfen. Ziel ist es, einen Raum zu schaffen, in dem sich Ihre Mitglieder austauschen, Fragen stellen und Fortschritte teilen können. Wenn Menschen sich zugehörig fühlen, werden sie zu Fürsprechern Ihrer Marke.

Ein wirkungsvoller Ansatz ist es, Ihre Community in den Entstehungsprozess einzubeziehen. Teilen Sie Vorschauen, starten Sie Umfragen oder bitten Sie um Feedback zum nächsten Produkt. Menschen unterstützen gerne, was sie mitgestaltet haben.

Nutzen Sie E-Mail-Marketing, um Ihre Marke weiter zu stärken. Schreiben Sie wöchentliche Newsletter, die persönlich und wertvoll wirken. Erzählen Sie Geschichten, teilen Sie Erkenntnisse und erwähnen Sie Ihre Produkte auf natürliche Weise. Ihre E-Mails sollten Beziehung aufbauen, nicht nur verkaufen.

Sie können auch eine Markenpersönlichkeit entwickeln – eine Figur oder Rolle, die Ihre Inhalte verkörpert, etwa „Der KI-Wachstumscoach“ oder „Die fokussierte Unternehmerin“. Diese klare Persönlichkeit macht Ihre Kommunikation menschlicher und einprägsamer.

Schließlich können Sie Ihre Marke für Kooperationen nutzen. Arbeiten Sie mit Creatorn zusammen, die ähnliche Werte haben. Gemeinsame Bundles oder Webinare erweitern Ihre

Reichweite erheblich. KI kann Ihnen bei der Formulierung von Kooperationsanfragen helfen.

Ein gesichtsloses, rein transaktionales Produkt mag Verkäufe erzielen. Doch eine Marke mit Persönlichkeit, Konsistenz und Community schafft Vertrauen und langfristigen Wert. Mit KI können Sie jeden Baustein Ihrer Marke strategisch und effizient entwickeln – und so eine Plattform schaffen, die Ihre Produkte, Ihre Botschaft und Ihr Einkommen über Jahre hinweg trägt.

Isabellas Weg vom Produkt zur Plattform

Isabella verkaufte digitale Wellness-Journale und Meditationen – doch ihre Umsätze waren unbeständig. Sie hatte keine klare Marke, keine Community, keine Wiedererkennung.

Eines Abends bat sie ChatGPT: „Hilf mir, eine Markenidentität für mein Wellness-Business zu entwickeln."

Die Antwort lieferte ihr eine klare Richtung: Markenname, Slogan, Tonalität und visuelle Elemente. Sie gestaltete ihr Logo neu, passte ihre Produktbilder an und schuf ein einheitliches Erscheinungsbild.

Anschließend ließ sie sich einen 30-Tage-Content-Plan erstellen und begann regelmäßig wertvolle Inhalte zu posten.

Das Engagement stieg. Menschen kommentierten, bedankten sich und teilten ihre Erfahrungen.

Sie gründete eine Community namens „The Calm Circle“ und baute einen sicheren Raum für Austausch auf. Mit der Zeit entwickelte sich eine loyale Anhängerschaft.

Kooperationen mit anderen Creatorn brachten neue Reichweite. Sie startete sogar einen Podcast mit KI-unterstützten Skripten.

Innerhalb von sechs Monaten war sie nicht mehr nur Verkäuferin digitaler Dateien – sondern Gründerin einer Marke mit echter Verbindung zu ihrer Community.

Ihr größter Gewinn war nicht nur finanziell. Es war Vertrauen.

Und alles begann mit einer einfachen Frage:
„Hilf mir, eine Marke aufzubauen, an die sich Menschen erinnern.“

Kapitel 10: Langfristiges passives Einkommen mit Evergreen-Systemen und KI sichern

Passives Einkommen zu erzielen ist eine Sache – es langfristig zu erhalten und auszubauen eine ganz andere. Viele digitale Creator erleben frühe Erfolge, versäumen es jedoch, nachhaltige Systeme aufzubauen. Das Geheimnis langfristigen Erfolgs liegt in sogenannten Evergreen-Systemen – also automatisierten Strukturen, die monatelang oder sogar jahrelang kontinuierlich Umsatz generieren, mit minimalem Wartungsaufwand. Dank KI lassen sich diese Systeme heute schneller denn je erstellen.

Was bedeutet „Evergreen"? Ein Evergreen-System läuft weitgehend auf Autopilot, bleibt das ganze Jahr über relevant und wandelt kontinuierlich neue Interessenten in Kunden um. Dazu gehören zeitlose Lead-Magneten, automatisierte E-Mail-Sequenzen, Produkt-Bundles und strukturierte Verkaufsfunnels. Sie investieren einmal Zeit und Kreativität – und profitieren langfristig davon.

Der erste Schritt besteht darin, Ihr zeitlosestes Produkt zu identifizieren. Evergreen-Produkte lösen wiederkehrende Probleme – etwa Budgetplanung, Produktivität,

Selbstorganisation oder Einsteigerwissen. Trendprodukte können kurzfristig funktionieren, verlieren jedoch oft schnell an Relevanz. Wählen Sie Ihr „Evergreen-Kernprodukt" und bauen Sie einen vollständigen Funnel darum herum auf – bestehend aus Landingpage, Opt-in-Formular, Danke-Seite, Tripwire-Angebot und automatisierter E-Mail-Serie.

Mit ChatGPT können Sie diese Elemente effizient erstellen:
„Schreibe eine Opt-in-Seite für meinen digitalen Planer."
„Erstelle eine 7-tägige Evergreen-E-Mail-Serie, die mein Produkt subtil bewirbt."
„Schlage mir 3 günstige Tripwire-Angebote passend zu meinem Kurs vor."

Anschließend bauen Sie eine Content-Bibliothek auf, die dauerhaft Traffic generiert. Blogartikel, Reels, YouTube-Videos oder Pinterest-Pins können auf Ihren Funnel verweisen. Mit KI lassen sich Inhalte mehrfach umwandeln und regelmäßig automatisiert veröffentlichen. So bleibt Ihr System sichtbar – ohne täglichen Aufwand.

Automatisieren Sie außerdem Support und Feedback. Ein KI-Chatbot kann häufige Fragen beantworten und Bonuslinks versenden. Eine automatische Bewertungsanfrage nach dem Kauf sorgt für Social Proof. Positive Rezensionen verstärken Ihre Conversion-Rate langfristig.

Retargeting-Anzeigen sind ein weiterer Evergreen-Hebel. Sprechen Sie Besucher erneut an, die Ihre Seite besucht, aber nicht gekauft haben. Kleine, kontinuierliche Anzeigenbudgets können in Kombination mit einem funktionierenden Funnel sehr profitabel sein.

Wichtig ist auch ein monatlicher System-Check. Analysieren Sie Öffnungsraten, Conversion-Raten und Verkaufszahlen. Fragen Sie KI: „Wo verliere ich die meisten Leads?" oder „Wie kann ich meine Conversion steigern?" Kleine Optimierungen halten Ihr System leistungsfähig.

Erstellen Sie außerdem einen Plan zur regelmäßigen Auffrischung. Alle 3–6 Monate können Sie Bonusmaterial hinzufügen, E-Mails aktualisieren oder Ihr Design leicht anpassen. So bleibt Ihr Angebot aktuell, ohne die Automatisierung zu verlieren.

Langfristiges passives Einkommen bedeutet nicht, Ihr Geschäft zu vernachlässigen – sondern Systeme zu schaffen, die Ihnen Freiraum ermöglichen. Wenn Ihr Einkommen nicht mehr von täglichem Einsatz abhängt, gewinnen Sie Zeit, Kreativität und Lebensqualität. Evergreen-Systeme sind das Fundament dieser Freiheit.

Natalies Evergreen-Durchbruch

Natalie hatte mit KI eine Reihe digitaler Produkte aufgebaut und im ersten Jahr über 30.000 € verdient. Doch nach einiger Zeit merkte sie, dass ihre Umsätze schwankten. Sie war ständig im Launch-Modus und fühlte sich ausgelaugt.

Sie stellte sich eine entscheidende Frage:
„Wie kann ich verdienen, ohne jeden Tag präsent sein zu müssen?“

Mit Hilfe von ChatGPT entwickelte sie einen Evergreen-Funnel für ihr erfolgreichstes Produkt. Ein kostenloser Leitfaden führte in eine automatisierte E-Mail-Serie, gefolgt von einem Hauptangebot und einem Upsell.

Sie investierte ein kleines Budget in Retargeting-Anzeigen und optimierte monatlich ihr System. Schon nach wenigen Monaten generierte ihr Evergreen-Funnel über 1.500 € pro Monat – nahezu vollständig automatisiert.

Statt ständig neue Produkte zu launchen, baute sie weitere Evergreen-Funnels auf. Sie gewann Zeit für Reisen, Kreativität und neue Projekte.

Natalie bezeichnet sich heute nicht mehr nur als Verkäuferin digitaler Produkte – sondern als Systemarchitektin.

Alles begann mit der Frage:
„Wie kann ich verdienen, während ich ruhe?"

KI lieferte den Plan. Evergreen-Systeme lieferten die Freiheit.

Abschließende Worte

Herzlichen Glückwunsch. Sie haben soeben einen umfassenden Leitfaden abgeschlossen, der zeigt, wie Sie mit KI langfristiges, passives Einkommen aufbauen können – ganz ohne technische Vorkenntnisse, großes Team oder hohe Anfangsinvestitionen.

Was Sie gelernt haben, ist keine Theorie – es ist ein praxiserprobter Bauplan. Sie verfügen jetzt über alles, was Sie brauchen, um:

Digitale Produkte auszuwählen und zu validieren
E-Books, Vorlagen und Kurse mit KI zu erstellen
Produkte zu bündeln und Ihren Umsatz zu steigern
Evergreen-Funnels aufzubauen, die rund um die Uhr funktionieren
Follow-ups, Marketing und Support zu automatisieren
Ihre Marke und Community wachsen zu lassen
Gewinne in skalierbare Systeme zu reinvestieren
Ihre Freiheit zu bewahren, während Ihr digitales Business für Sie arbeitet

Jedes System in diesem Buch wird bereits von ganz normalen Creatorn genutzt – Menschen wie Ihnen – die aufgehört haben, Zeit gegen Geld zu tauschen, und stattdessen digitale

Vermögenswerte aufgebaut haben, die dauerhaft Einkommen generieren.

Sie müssen nicht alles auf einmal umsetzen. Sie müssen nur beginnen.
Ein Produkt. Ein Funnel. Ein automatisiertes System.
Lassen Sie diesen ersten Erfolg den nächsten ermöglichen.

KI ist keine Bedrohung – sie ist Ihr Geschäftspartner.
Und jetzt wissen Sie, wie Sie sie einsetzen können, um Wirkung, Freiheit und nachhaltiges Einkommen zu schaffen.

www.ingramcontent.com/pod-product-compliance
Lightning Source LLC
LaVergne TN
LVHW022028200926
848481LV00007B/2589
9798295676079